常用百字练习

目前汉字的总数已经超过了8万，而日常生活中最常用的500个汉字就占汉字覆盖面的79%。我们精选常用字中频率最高的100个字作为练习内容。这些汉字占日常生活中用字的40%，只要我们写好它们，基本上可以提高自身的书写水平。

的	一	是	了	我	不	人	在	他	有	这
个	上	们	来	到	时	大	地	为	子	中
你	说	生	国	年	着	就	那	和	要	她
出	也	得	里	后	自	以	会	家	可	下
而	过	天	去	能	对	小	多	然	于	心
学	么	之	都	好	看	起	发	当	没	成
只	如	事	把	还	用	第	样	道	想	作
种	开	美	总	从	无	情	己	面	最	女
但	现	前	些	所	同	日	手	又	行	意
动										

汉字应用水平测试字表　甲表（4000 字）

1画	一	乙	2画	二	十	丁	厂	七	卜	八
人	入	儿	匕	几	九	刁	了	刀	力	乃
又	3画	三	干	于	亏	工	土	士	才	下
寸	大	丈	与	万	上	小	口	山	巾	千
乞	川	亿	个	夕	久	么	勺	凡	丸	及
广	亡	门	丫	义	之	尸	己	已	巳	弓
子	卫	也	女	刃	飞	习	叉	马	乡	幺
4画	丰	王	开	井	天	夫	元	无	韦	云
专	丐	扎	廿	艺	木	五	支	厅	卅	不
犬	太	区	历	歹	友	尤	厄	匹	车	巨
牙	屯	戈	比	互	切	瓦	止	少	曰	日
中	贝	冈	内	水	见	午	牛	手	气	毛
壬	升	夭	长	仁	什	片	仆	化	仇	币

仍	仅	斤	爪	反	介	父	从	仑	今	凶
分	乏	公	仓	月	氏	勿	欠	风	丹	匀
乌	勾	凤	六	文	亢	方	火	为	斗	忆
计	订	户	讣	认	冗	讥	心	尹	尺	引
丑	巴	孔	队	办	以	允	予	邓	劝	双
书	毋	幻	5画	玉	刊	未	末	示	击	打
巧	正	扑	卉	扒	功	扔	去	甘	世	艾
古	节	本	术	札	可	丙	左	厉	石	右
布	夯	戊	龙	平	灭	轧	东	卡	北	占
凸	卢	业	旧	帅	归	旦	目	且	叶	甲
申	叮	电	号	田	由	只	叭	史	央	叱
兄	叽	叼	叫	叩	叨	另	叹	冉	皿	凹
囚	四	生	矢	失	乍	禾	仨	丘	仕	付
仗	代	仙	仟	们	仪	白	仔	他	斥	瓜

乎	丛	令	用	甩	印	尔	乐	句	匆	册
卯	犯	外	处	冬	鸟	务	包	饥	主	市
立	冯	玄	闪	兰	半	汁	汀	汇	头	汉
宁	穴	它	讨	写	让	礼	讪	训	议	必
讯	记	永	司	尼	民	弗	弘	出	阡	辽
奶	奴	召	加	皮	边	孕	发	圣	对	台
矛	纠	驭	母	幼	丝	6画	匡	邦	式	迂
刑	邢	戎	动	扛	寺	吉	扣	考	托	圳
老	巩	圾	执	扩	扪	扫	地	场	扬	耳
芋	共	芍	芒	亚	芝	朽	朴	机	权	过
亘	臣	吏	再	协	西	压	厌	戌	在	百
有	存	而	页	匠	夸	夺	灰	达	戍	列
死	成	夹	夷	轨	邪	尧	划	迈	毕	至
此	贞	师	尘	尖	劣	光	当	早	吁	吐

吓	旯	曳	虫	曲	团	吕	同	吊	吃	因
吸	吗	吆	屿	屹	岁	帆	回	岂	则	刚
网	肉	年	朱	先	丢	廷	舌	竹	迁	乔
迄	伟	传	乒	乓	休	伍	伎	伏	优	臼
伐	延	仲	件	任	伤	价	伦	份	华	仰
仿	伙	伪	自	伊	血	向	似	后	行	舟
全	会	杀	合	兆	企	众	爷	伞	创	肌
肋	朵	杂	危	旬	旨	旮	旭	负	犷	匈
名	各	多	凫	争	色	壮	冲	妆	冰	庄
庆	亦	刘	齐	交	衣	次	产	决	亥	充
妄	闭	问	闯	羊	并	关	米	灯	州	汗
污	江	汕	汲	汛	池	汝	汤	忏	忙	兴
宇	守	宅	字	安	讲	讳	讴	军	讶	祁
讷	许	讹	论	讼	农	讽	设	访	诀	寻

那	迅	尽	导	异	弛	阱	阮	孙	阵	阳
收	阪	阶	阴	防	丞	奸	如	妇	妃	好
她	妈	戏	羽	观	牟	欢	买	红	驮	纤
驯	约	级	纪	驰	纫	巡	7画	寿	弄	麦
玖	玛	形	进	戒	吞	远	违	韧	运	扶
抚	坛	技	坏	抠	扰	扼	拒	找	批	址
扯	走	抄	贡	汞	坝	攻	赤	折	抓	扳
抡	扮	抢	孝	坎	均	坞	抑	抛	投	坟
坑	抗	坊	抖	护	壳	志	块	抉	扭	声
把	报	拟	却	抒	劫	芙	芜	苇	邯	芸
芽	花	芹	芥	芬	苍	芳	严	芦	芯	劳
克	芭	苏	杆	杠	杜	材	村	杖	杏	杉
巫	极	杞	李	杨	杈	求	忑	甫	匣	更
束	吾	豆	两	酉	丽	医	辰	励	否	还

尬 歼 来 连 轩 忐 步 卤 坚 肖 旱

盯 呈 时 吴 助 县 里 呆 吱 吠 呕

园 旷 围 呀 吨 足 邮 男 困 吵 串

员 呐 听 吟 吩 呛 吻 吹 呜 吭 吧

邑 吼 囤 别 吮 岖 岗 帐 岚 财 囫

囵 针 钉 钊 牡 告 我 乱 利 秃 秀

私 每 兵 邱 估 体 何 佐 佑 但 伸

佃 作 伯 伶 佣 低 你 住 位 伴 身

皂 伺 佛 囱 近 彻 役 彷 返 余 希

坐 谷 妥 含 邻 岔 肝 肛 肚 肘 肠

龟 甸 免 狂 犹 狈 狄 角 删 鸠 条

彤 卵 灸 岛 邹 刨 饨 迎 饪 饭 饮

系 言 冻 状 亩 况 亨 床 库 庇 疗

吝 应 这 冷 庐 序 辛 弃 冶 忘 闰

闲间闷羌判兑灶灿灼弟汪
沐沛汰沥沏沙汽沃沂沦汹
汾泛沧没沟沪沈沉沁怀忧
忡怅忱快完宋宏牢究穷灾
良证启评补初社祀诅识诈
诉罕诊词诏译君灵即层屁
尿尾迟局改张忌际陆阿孜
陇陈阻附坠妩妓妙妊妖姊
妨妒妞努邵忍劲矣鸡纬纭
驱纯纱纲纳驳纵纶纷纸纹
纺驴纽

8画

奉玩环武青责现
玫表盂规抹卦坷坯拓拢拔
坪抨拣拈坦担坤押抻抽拐
拖者拍顶拆拎拥抵拘势抱

常用字范

拄 垃 拉 拦 幸 拌 拧 抵 拂 拙 招

坡 披 拨 择 抬 拇 坳 拗 其 取 茉

苦 苯 昔 苛 若 茂 苹 苫 苗 英 苓

苟 苑 苞 范 直 茁 茄 茎 苔 茅 枉

林 枝 杯 枢 柜 枇 杳 枚 析 板 松

枪 枫 构 杭 杰 述 枕 杷 丧 或 画

卧 事 刺 枣 雨 卖 郁 矾 矿 码 厕

奈 奔 奇 奄 奋 态 欧 殴 垄 妻 轰

顷 转 斩 轮 软 到 非 叔 歧 肯 齿

些 卓 虎 虏 肾 贤 尚 旺 具 昙 味

果 昆 国 哎 咕 昌 呵 咂 畅 呸 明

易 咙 昂 迪 典 固 忠 咀 呻 咒 咋

咐 呱 呼 咚 鸣 咆 咛 咏 呢 咄 咖

岸 岩 帖 罗 帜 帕 岭 迥 岷 凯 败

账 贩 贬 购 贮 图 钓 制 知 迭 氛
垂 牦 牧 物 乖 刮 秆 和 季 委 秉
佳 侍 岳 佬 供 使 佰 例 侠 侥 版
侄 侦 侣 侃 侧 凭 侨 佩 货 侈 佼
依 佯 帛 卑 的 迫 质 欣 征 往 爬
彼 径 所 舍 金 剑 刹 命 肴 斧 怂
爸 采 觅 受 乳 贪 念 贫 忿 瓮 肤
肺 肢 肿 胀 朋 股 肮 肪 肥 服 胁
周 剁 昏 鱼 兔 狐 忽 狗 狞 咎 备
炙 饯 饰 饱 饲 冽 变 京 享 庞 店
夜 庙 府 底 疟 疙 疚 疡 剂 卒 郊
庚 废 净 妾 盲 放 刻 育 氓 闸 闹
郑 券 卷 单 炬 炖 炒 炊 炕 炎 炉
沫 浅 法 泄 沽 河 沾 泪 沮 油 泊

沿	泡	注	泣	泞	泻	泌	泳	泥	沸	泓
沼	波	泼	泽	治	怔	怯	怵	怖	怦	性
怕	怜	怪	怡	学	宝	宗	定	宠	宜	审
宙	官	空	帘	穹	宛	实	试	郎	诗	肩
房	诙	诚	衬	衫	衩	视	祈	诛	话	诞
诡	询	诣	诤	该	详	诧	建	肃	录	隶
帚	屉	居	届	刷	屈	弧	弥	弦	承	孟
陋	陌	孤	陕	降	函	限	妹	姑	姐	姓
姗	妮	始	姆	虱	迢	驾	叁	参	艰	线
练	组	绅	细	驶	织	驹	终	驻	绊	驼
绍	驿	绎	经	贯	9画	契	贰	奏	春	帮
珑	玷	珀	珍	玲	珊	玻	毒	型	拭	挂
封	持	拷	拱	项	垮	挎	城	挟	挠	政
赴	赵	赳	挡	拽	哉	挺	括	郝	垢	拴

拾挑垛指垫挣挤拼挖按挥
挪垠拯某甚荆茸革茜茬荐
巷荚带草茧茵茴荞茯荟茶
荠荒茫荡荣荤荧故胡荫茹
荔南药标栈柑枯柯柄栋相
查柚柏栅柳柱柿栏柠枷树
勃要柬咸威歪研砖厘厚砌
砂泵砚砍面耐耍奎奄牵鸥
残殃殆轱轳轴轶轻鸦皆毖
韭背战点虐临览竖省削尝
昧盹是盼眨哇哄哑显冒映
星昨咧昵昭畏趴胃贵界虹
虾蚁思蚂盅虽品咽骂勋哗
咱响哈哆咬咳咩咪咤哪哟

峙炭峡罚贱贴贻骨幽钙钝

钞钟钢钠钥钦钧钩钮卸缸

拜看矩毡氟氢怎牲选适秕

秒香种秋科重复竿笃段便

俩贷顺修俏保促俄俐侮俭

俗俘信皇泉鬼侵禹侯追俑

俊盾待徊衍律很须叙俞剑

逃食盆胚胧胆胜胞胖脉胎

匍勉狭狮独狰狡狩狱狠贸

怨急饵饶蚀饷饺饼峦弯孪

将奖哀亭亮度奕迹庭疮疯

疫疤咨姿亲音彦飒帝施闺

闻闽阀阁差养美姜迸叛送

类迷籽娄前酋首逆兹总炳

炼 炽 炯 炸 烁 炮 炫 烂 剃 洼 洁

洪 洒 柒 浇 浊 洞 测 洗 活 涎 派

洽 染 洛 浏 济 洋 洲 浑 浒 浓 津

恃 恒 恢 恍 恬 恤 恰 恼 恨 举 觉

宣 宦 室 宫 宪 突 穿 窃 客 诫 冠

诬 语 扁 袄 祖 神 祝 祠 误 诱 诲

说 诵 郡 垦 退 既 屋 昼 咫 屏 屎

费 陡 逊 眉 孩 陛 陨 除 险 院 娃

姥 姨 姻 娇 姚 姣 姘 娜 怒 架 贺

盈 勇 怠 癸 蚤 柔 矜 垒 绑 绒 结

绕 骄 绘 给 绚 绛 骆 络 绝 绞 骇

统 10画 耕 耘 耗 耙 艳 泰 秦 珠 班

素 匿 蚕 顽 盏 匪 捞 栽 埔 捕 埂

捂 振 载 赶 起 盐 捎 捍 捏 埋 捉

捆	捐	损	衰	捌	都	哲	逝	捡	挫	捋
换	挽	挚	热	恐	捣	壶	捅	埃	挨	耻
耿	耽	聂	荸	恭	莽	莱	莲	莫	莉	莓
荷	获	晋	恶	莎	莹	莺	真	框	梆	桂
桔	栖	档	桐	株	桥	桦	栓	桃	桅	格
桩	校	核	样	根	索	哥	速	逗	栗	贾
酌	配	翅	辱	唇	夏	砸	砰	砾	础	破
原	套	逐	烈	殊	殉	顾	轼	轿	较	顿
毙	致	柴	桌	虔	虑	监	紧	逍	党	逞
晒	眩	眠	晓	哮	唠	鸭	晃	哺	晌	剔
晏	晕	蚌	蚜	畔	蚣	蚊	蚪	蚓	哨	哩
圃	哭	哦	恩	盎	鸯	唤	唁	哼	唧	啊
唉	唆	罢	峭	峨	峰	圆	峻	贼	贿	赂
赃	钱	钳	钵	钻	钾	铀	铁	铂	铃	铅

铆	缺	氦	氧	氨	特	牺	造	乘	敌	秫
秤	租	积	秧	秩	称	秘	透	笔	笑	笋
笆	倩	债	借	值	倚	俺	倾	倒	倘	俱
倡	候	赁	倪	俯	倍	倦	健	臭	射	躬
息	倔	徒	徐	殷	舰	舱	般	航	途	拿
釜	耸	爹	舀	爱	豺	豹	颁	颂	翁	胯
胰	胱	胭	脍	脆	脂	胸	胳	脏	脐	胶
脑	朕	脓	玺	逛	狸	狼	卿	逢	鸵	留
袅	鸳	皱	饿	馁	凌	凄	挛	恋	桨	浆
衰	衷	高	郭	席	准	座	症	病	疾	斋
疹	疼	疲	痉	脊	效	离	紊	唐	凋	瓷
资	凉	站	剖	竞	部	旁	旅	畜	阅	羞
羔	恙	瓶	拳	粉	料	益	兼	朔	郸	烤
烘	烦	烧	烛	烟	烙	递	涛	浙	涝	浦

酒 涟 涉 娑 消 涓 涡 浩 海 涂 浴

浮 涣 涤 流 润 涧 涕 浪 浸 涨 烫

涩 涌 悖 悟 悄 悍 悔 悯 悦 害 宽

家 宵 宴 宾 窍 窄 容 窈 剜 宰 案

请 朗 诸 诺 读 扇 诽 袜 袒 袖 袍

被 祥 课 冥 谁 调 冤 谅 谆 谈 谊

剥 恳 展 剧 屑 弱 陵 祟 陶 陷 陪

姬 娠 娱 娟 恕 娥 娩 娴 娘 娓 通

能 难 预 桑 骋 绢 绣 验 继 骏 11画

彗 球 琐 理 琉 琅 捧 堵 措 描 域

捺 掩 捷 排 焉 掉 捶 赦 堆 推 埠

掀 授 捻 教 掬 掐 掠 掂 掖 培 接

掷 掸 控 探 据 掘 掺 职 基 聆 勘

聊 娶 著 菱 勒 黄 菲 萌 萝 菌 萎

菜萄菊萃菩萍菠菅萤营乾

萧萨菇械彬梦梵婪梗梧梢

梅检梳梯桶梭救啬曹副票

酝酗厢戚硅硕硌奢盔爽聋

龚袭盛匾雪辅辆堑颅虚彪

雀堂常眶匙晤晨眺睁眯眼

眸悬野啪啦曼晦冕晚啄啡

畦距趾啃跃跄略蛆蚱蚯蛉

蛀蛇唬累鄂唱患啰唾唯啤

啥啕啸崖崎崭逻帼崔帷崩

崇崛赈婴赊圈铐铛铝铜铡

铭铮铲银矫甜秸梨犁秽移

笨笼笛笙符笠第笤敏做偕

袋悠偿偶偎傀偷您售停偏

躯	皑	兜	皎	假	衅	徘	徙	得	衔	盘
舶	船	舷	舵	斜	盒	鸽	敛	悉	欲	彩
领	脚	脖	脯	豚	脸	脱	匐	象	够	逸
猜	猪	猎	猫	凰	猖	猝	猕	猛	祭	馄
馅	馆	凑	减	毫	孰	烹	庶	麻	庵	痔
痊	痒	痕	廊	康	庸	鹿	盗	章	竟	商
旌	族	旋	望	率	阎	阁	阐	着	羚	盖
眷	粘	粗	粕	粒	断	剪	兽	焊	焕	烽
焖	清	添	鸿	淋	淅	涯	淹	渠	渐	淑
淌	混	淮	淆	渊	淫	渔	淘	淳	液	淤
淡	淀	深	涮	涵	婆	梁	渗	情	惜	惭
悼	惧	惕	悖	惟	惆	惊	惦	悴	惋	惨
惯	寇	寅	寄	寂	宿	窒	窑	窕	密	谋
谍	谎	谏	扈	谐	谑	裆	袱	祷	祸	谒

谓 谗 谚 谜 逮 敢 尉 屠 弹 隋 堕

随 蛋 隅 隆 隐 婊 娼 婢 婚 婶 婉

颇 颈 翌 恿 绩 绪 续 骑 绰 绳 维

绵 绷 绸 综 绽 绿 缀 巢 12画 琵 琴

琶 琪 瑛 琳 琦 琢 琥 靓 琼 斑 替

揍 款 堪 塔 搭 堰 揩 越 趁 趋 超

揽 堤 提 揖 博 揭 喜 彭 揣 插 揪

搜 煮 援 搀 裁 搁 搓 搂 搅 壹 握

搔 揉 斯 期 欺 联 葫 散 惹 葬 募

葛 董 葡 敬 葱 蒋 蒂 落 韩 朝 辜

葵 棒 棱 棋 椰 植 森 焚 椅 椒 棵

棍 椎 棉 棚 棕 棺 榔 椭 惠 惑 逼

粟 棘 酣 酥 厨 厦 硬 硝 确 硫 雁

殖 裂 雄 颊 雳 雯 暂 辍 雅 翘 辈

悲 紫 凿 辉 敞 棠 赏 掌 晴 睐 暑
最 晰 量 鼎 喷 喳 晶 喇 遇 喊 喱
遏 晾 景 畴 践 跋 跌 跚 跑 跛 遗
蛙 蛐 蛔 蛛 蜓 蜒 蛤 蛟 喝 鹃 喂
喘 喉 喻 啼 喧 嵌 幅 帽 赋 赌 赎
赐 赔 黑 铸 铺 链 铿 销 锁 锄 锅
锈 锉 锋 锌 锐 甥 掣 掰 短 智 氮
毯 毽 氯 犊 鹅 剩 稍 程 稀 黍 税
筐 等 筑 策 筛 筒 筏 筵 答 筋 筝
傣 傲 傅 牌 堡 集 焦 傍 储 皓 皖
粤 奥 遁 街 惩 御 徨 循 艇 舒 逾
番 释 禽 舜 貂 腈 腊 腌 腆 脾 腋
腑 腔 腕 鲁 猩 猬 猾 猴 飓 惫 然
馈 馋 装 蛮 就 敦 斌 痣 痘 痞 痢

痪 痛 童 竣 阑 阔 善 翔 羡 普 粪

尊 奠 道 遂 曾 焰 焙 湛 港 滞 湖

湘 渣 渤 渺 湿 温 渴 溃 湍 溅 滑

湃 渝 湾 渡 游 滋 渲 溉 愤 慌 惰

惺 愕 惴 愣 惶 愧 愉 慨 割 寒 富

寓 窜 窝 窖 窗 窘 寐 扉 遍 雇 裕

裤 裙 禅 禄 谢 谣 谤 谦 遐 犀 属

屡 强 粥 疏 隔 隙 隘 媒 絮 嫂 媛

婷 媚 婿 登 缅 缆 缉 缎 缓 缔 缕

骗 编 骚 缘 13画 瑟 鹉 瑞 瑰 瑜 瑕

遨 瑙 魂 肆 摄 摸 填 搏 塌 摁 鼓

摆 携 蜇 搬 摇 搞 塘 搪 摊 聘 斟

蒜 勤 靴 靶 鹊 蓝 墓 幕 蓓 蓖 蓟

蓬 蓑 蒿 蓄 蒲 蓉 蒙 颐 蒸 献 楔

椿 楠 禁 楂 楚 楷 榄 想 槐 槌 榆
楼 概 楣 椽 裘 赖 甄 酪 酬 感 碍
碘 碑 硼 碉 碎 碰 碗 碌 鹌 尴 雷
零 雾 雹 辐 辑 输 督 频 龄 鉴 睛
睹 睦 瞄 睫 睡 睬 嘟 嗜 嗑 鄙 嗦
愚 暖 盟 煦 歇 暗 暇 照 畸 跨 跷
跳 跺 跪 路 跤 跟 遣 蜈 蜗 蛾 蜂
蜕 蛹 嗣 嗯 嗅 嗡 嗨 嗤 嗓 署 置
罪 罩 蜀 幌 嵩 错 锚 锡 锣 锤 锥
锦 锨 锭 键 锯 锰 矮 辞 稚 稠 颓
愁 筹 签 简 筷 毁 舅 鼠 催 傻 像
躲 魁 衙 微 愈 遥 腻 腰 腼 腥 腮
腹 腺 鹏 腾 腿 鲍 猿 颖 飕 触 解
遛 煞 雏 馍 馏 酱 鹑 禀 痱 痹 廓

痴痰廉裔靖新韵意雍阙誊

粮数煎塑慈煤煌满漠滇源

滤滥滔溪溜漓滚溢溯滨溶

滓溺粱滩慑慎誉塞寞窥窟

寝谨裱褂裸福谬群殿辟障

媳嫉嫌嫁叠缚缝缠缤剿

14画

静碧瑶璃赘熬韬髦墙墟撂

嘉摧赫截誓境摘摔撇聚蔫

蔷慕暮摹蔓蔑蔡蔗蔽蔼熙

蔚兢榛模槛榻榭榴榜榨榕

歌遭酵酷酿酸厮碟碴碱碳

磋磁愿臧殡需霆辕辖辗翡

雌龈睿裳颗瞅墅嘈嗽嘁嘎

踉踊蜻蜡蝈蝇蜘蝉螂蜢嘘

嘛 嘀 幔 赚 骷 锹 锻 锵 镀 舞 舔

稳 熏 箍 箕 算 箩 管 箫 毓 舆 僚

僧 鼻 魄 魅 貌 膜 膊 膀 鲜 疑 孵

馒 裹 敲 豪 膏 塾 遮 腐 瘩 瘟 瘦

廖 辣 彰 竭 韶 端 旗 精 粼 粹 粽

歉 弊 熄 熔 煽 潇 漆 漱 漂 漫 滴

漩 漾 演 漏 慢 慷 寨 赛 寡 察 蜜

寥 谭 肇 褐 褪 谱 隧 嫩 嫖 嫦 嫡

翟 翠 熊 凳 骡 缨 缩

15画

慧 撵 撕

撒 撅 撩 趣 趟 撑 撮 撬 播 擒 墩

撞 撤 增 撰 聪 鞋 鞍 蕉 蕊 蔬 蕴

横 槽 樱 樊 橡 樟 橄 敷 豌 飘 醋

醇 醉 磕 磊 磅 碾 震 霄 霉 辘 瞌

瞒 题 暴 瞎 瞑 嘻 噎 嘶 嘲 嘹 影

踢	踏	踩	踮	踪	蝶	蝴	蝠	蝎	蝌	蝗
蝙	噗	嘿	噢	噜	嘱	幢	墨	骼	骸	镊
镇	镐	镑	靠	稽	稻	黎	稿	稼	箱	篓
箭	篇	篆	僵	躺	僻	德	艘	磐	鹞	膝
膘	膛	鲢	鲤	鄉	熟	摩	褒	瘪	瘤	瘫
凛	颜	毅	糊	遵	憋	潜	澎	潮	潭	潦
鲨	澳	潘	澈	澜	潺	澄	懂	憬	憔	懊
憧	憎	额	翩	褥	谴	鹤	憨	熨	慰	劈
履	嬉	豫	缭	16画	璞	撼	擂	操	擅	燕
蕾	薯	薛	薇	擎	薪	薄	颠	翰	噩	橱
橙	橘	整	融	瓢	醒	霖	霏	霓	霍	霎
辙	冀	餐	瞟	瞠	瞰	踹	嘴	踱	蹄	蹂
蟒	蟆	螃	螟	器	噪	鹦	赠	默	黔	镜
赞	憩	穆	篮	篡	篷	篙	篱	儒	翱	邀

衡	膨	膳	雕	鲸	磨	瘾	瘸	凝	辨	辩
糙	糖	糕	瞥	燎	燃	濒	澡	激	懒	憾
懈	窿	禧	壁	避	[illegible]	缰	缴	17画	戴	壕
擦	藉	鞠	藏	薰	藐	檬	檐	檩	檀	礁
磷	霜	霞	龋	壑	瞭	瞧	瞬	瞳	瞩	瞪
嚏	曙	蹑	蹒	蹋	蹈	螳	螺	蟋	蟑	蟀
嚎	羁	赡	镣	穗	黏	魏	簧	簇	繁	黛
儡	鼾	徽	爵	朦	臊	膻	臃	鳃	鳄	糜
癌	辫	赢	糟	糠	燥	懦	豁	臀	臂	翼
骤	18画	藕	鞭	藤	覆	瞻	蹦	嚣	髅	镭
镰	馥	翻	鳍	鹰	癞	瀑	襟	璧	戳	彝
19画	攒	孽	警	蘑	藻	攀	曝	蹲	蹭	蹿
蹬	巅	簸	簿	蟹	颤	靡	癣	瓣	羹	鳖
爆	瀚	疆	骥	20画	鬓	壤	攘	馨	耀	躁

蠕	嚼	嚷	巍	籍	鳝	鳞	魔	糯	灌	譬
21 画	蠢	霸	露	霹	躏	黯	髓	癫	麝	赣
22 画	蘸	囊	镶	瓤	23 画	罐	24 画	矗		

汉字应用水平测试字表　乙表（500字）

3画	弋	孑	4画	仃	5画	叵	刍	讧	讫	6画
尥	岌	佤	伫	氽	夙	刎	汐	忖	纨	7画
坍	苣	苋	芩	芪	矶	呓	呃	呗	帏	岐
佞	攸	佚	佝	伽	孚	邸	疖	肓	沤	沂
沆	怄	忾	忪	诂	诋	诌	陀	甬	8画	坨
耶	杵	咋	呶	岿	沓	囹	罔	钗	竺	迤
臾	岱	侗	侏	侩	佻	阜	迩	狙	狒	枭
饴	冼	疝	劾	炝	泔	泱	泅	泗	沱	泯
泾	宕	诓	诘	戾	诠	诩	孢	妯	驽	迦
驷	驸	绌	9画	玳	垣	挞	茗	荧	柩	枸
酊	殇	轲	眈	咦	哔	毗	剐	咿	咯	哝
帧	峥	钛	钡	钨	竽	俨	叟	俚	皈	逅
徇	徉	舢	鸨	弈	阂	炷	洌	浃	恸	恫

恻	恪	袂	祛	姹	羿	绔	骁	骈	10画	敖
莴	莠	莅	荼	莘	莞	桓	桎	桧	栩	豇
砝	砺	砥	砣	哧	哽	唢	圄	唏	崂	峪
觊	赅	钴	舐	俸	偌	倏	倭	隽	倌	颀
舫	奚	胴	疸	疱	痂	恣	烩	烬	悚	谀
谄	陲	娌	婀	绥	邕	11画	焘	揶	掳	逵
掬	掮	掇	萋	菏	萦	梏	梓	匮	赦	豉
酞	酚	戛	厩	啧	喵	蚶	蛎	蛊	唿	啜
铣	铤	铬	逶	笺	笤	偃	偻	徜	龛	翎
疵	衮	敝	渍	淞	渎	涬	涸	淙	淄	惬
悻	悱	惘	惚	惮	谛	婵	袈	绫	绮	绯
绶	12画	搽	趄	揄	蛰	摒	葆	葩	萱	戟
鹂	厥	锱	斐	喋	喃	跎	啾	嗖	喽	喔
嵘	崴	崽	幄	嵋	锂	傧	弑	颌	釉	腱

鱿 猥 馊 亵 痨 痦 痤 痫 孳 滑 愎

幂 缄 缈 13画 瑚 瑁 趔 搐 剽 酩 蜃

虞 嗷 嗬 嗔 嗝 暄 嗳 嗵 锛 锢 稞

稗 牒 觎 貉 颔 腭 鲇 鲈 稣 肄 痼

痿 粳 煨 煊 煸 裟 滦 滂 窦 裨 谩

媲 缜 缢 14画 摞 墒 蔻 斡 槟 酶 蜚

裴 龇 睽 暧 踌 蜷 蜿 嘣 嶂 幛 罂

锲 镁 镂 犒 箔 睾 膈 獐 馑 瘊 瘘

熘 潢 漪 慵 褓 褛 暨 嫣 缥 15画 璀

撷 赭 撺 蕨 蕃 磙 龊 觑 嘭 踝 踞

颚 噙 幡 箴 鲩 獗 獠 馔 麾 瘠 遴

糍 潼 褴 戮 缮 16画 靛 擀 熹 擞 蕻

橇 樵 橹 醚 赝 飙 臻 鹫 踵 蹉 螨

噼 罹 镖 篝 篦 盥 鲮 鲲 鲳 獭 邂

瘴	斓	澥	寰	褶	17画	璨	璐	擤	罄	龌
蹊	嚓	黜	黝	镫	篾	臆	鳅	襄	膺	糜
懑	襁	孺	18画	鳌	鬃	藩	躇	蟠	黠	镯
鳏	癔	癜	癖	19画	藿	麓	霭	蹶	蹼	蹴
蟾	籁	鳔	鳕	鳗	麒	鏖	瀣	20画	曦	镳
纂	鳜	鳟	孀	21画	醺	礴	22画	鹳	23画	攫
攥	颧	麟	25画	囔						

汉字应用水平测试字表　丙表（1000 字）

2画	乜	3画	兀	孑	4画	仄	兮	刈	爻	卞
闩	5画	邗	邛	艿	匜	丕	仡	仫	仞	氐
邝	邙	讦	弁	6画	耒	玑	圩	圭	扦	芊
芨	芎	芗	乩	缶	氖	牝	伛	伥	伧	伉
囟	舛	邬	饧	汊	聿	艮	妁	纡	纨	7画
抟	抔	坂	芫	芾	芷	芮	苋	芟	苎	苡
郅	奁	豕	忒	轫	迓	邶	虬	吣	岑	钋
氙	氚	佟	佗	佘	佥	豸	奂	饬	疔	闱
闳	闵	炀	沅	沌	汩	汨	汶	怃	忤	忻
怆	忸	诃	陂	陉	妍	妪	妣	姒	劭	纰
8画	玮	忝	坩	拃	拊	坼	坻	苤	茏	苜
苒	苘	茌	茔	茕	茗	枥	枞	杼	砀	瓯
殁	郏	轭	鸢	盱	昊	杲	昕	畀	呷	呦

咝	岢	岬	岫	帙	峁	峄	钎	钒	佶	侪
侬	籴	戗	肱	肫	狎	狍	庖	兖	炜	炔
沭	泸	泠	泫	怙	怏	怍	怩	怫	戽	郓
祉	诟	诨	戕	亟	妲	驽	绀	绉	9画	珏
珐	珂	珈	拮	挝	贲	垧	垓	荜	莒	茼
茱	荏	荃	荀	茨	垩	荥	荦	荨	栉	柘
枰	栌	枵	枳	柞	栀	栎	柁	甭	砒	砭
殄	哐	眍	禺	哂	曷	哓	呲	胄	虼	咣
郧	咻	囿	哏	哞	罘	峋	钚	钣	钫	氡
牯	秭	笈	俦	俪	俟	郗	俎	瓴	胛	胗
胝	朐	胫	狯	狲	訇	饸	饹	胤	疢	疥
闾	籼	洱	洇	洄	洮	浔	恹	恺	宥	衲
衽	祜	祚	诮	诰	诳	鸩	弭	胥	陟	娅
娆	姝	怼	骅	绗	10画	挈	珙	顼	珞	珲

埙	埚	耆	耄	贽	盍	莆	莳	莜	荽	荻
鸪	莼	栲	栳	梆	桢	桉	逑	鬲	逦	厝
砧	砷	轾	趸	鸬	眬	晟	眙	唔	晁	鸮
趿	蚍	蚬	蚝	蚧	唑	崃	罡	钰	钹	钺
钼	铄	铎	氤	氩	秫	笏	俳	倜	隼	倥
臬	皋	郫	倨	衄	徕	衾	胼	胺	鸱	狷
猁	狺	桀	饽	凇	栾	亳	疳	疴	疽	痈
衮	阄	阆	粑	烨	郯	涞	涅	涔	浜	浠
浣	浚	悭	悒	悌	悛	冢	袢	祯	诿	扆
勐	奘	蚩	娉	娲	娣	逡	骊	绦	绨	鸶
11画	焘	舂	琏	掴	赧	捭	鸷	捩	聃	菁
堇	萘	菽	菖	萸	菟	萏	菡	棂	郾	鄄
硭	硒	瓠	殒	殓	殍	赍	辄	眦	眵	喏
勖	晗	啭	啮	蛄	蚰	蛏	蚴	啁	啐	唷

啖	啷	唳	铙	铠	铢	铧	铨	铩	铰	铱
氪	牾	笸	笳	偈	偬	舸	猗	猞	斛	馗
馃	鸾	庾	痍	旎	阈	阊	阏	焐	烯	烷
渚	淇	涿	淖	渑	淝	淬	涪	谌	皲	谕
谙	桀	隍	婧	婕	欸	绺	绻	绾	12画	琨
琬	鼋	揳	堞	揠	颉	耋	聒	葚	葳	葺
蒽	萼	蒌	葭	椟	棰	椁	棣	鹁	覃	酢
酡	殚	辊	睑	嗒	晷	跖	跆	蛲	蛭	蛳
喁	喟	喑	嗟	嗞	喀	喙	詈	嵬	嵯	锃
锏	锑	锒	氰	鹄	犍	嵇	筚	筌	傈	傥
傧	遑	傩	畲	翕	腓	腴	鲂	颍	猢	觞
瘀	瓿	啻	颏	鹇	阒	阕	遒	焯	焱	鹈
湮	湎	溲	湟	溆	渥	湄	滁	愠	愀	谟
裢	祺	谡	谥	谧	孱	弼	巽	媪	皴	婺

骛	缂	彘	飨	13画	鹜	髡	塬	鄢	趑	摅
搛	摈	彀	搡	戡	鄞	靳	蓦	蒯	蒺	蒹
蒗	蓥	楝	楫	楸	椴	皙	榈	榉	楦	楹
酮	酰	酯	碚	碇	碜	辏	龃	龅	訾	粲
睚	韪	嗉	睨	睢	雎	睥	嗫	戥	遢	睽
跬	跶	跣	跹	跻	蜊	蜍	蜉	嗥	嵊	锱
雉	氲	歃	稔	筠	筢	煲	徭	愆	艄	觚
腠	腩	詹	鲅	鲋	觥	馐	瘁	瘆	麂	歆
阖	豢	煳	煜	煅	煺	滟	溘	溥	溧	溽
滗	溏	溟	愫	骞	窠	窣	褚	裾	谪	媾
嫔	缙	缛	缮	缟	缡	骟	14画	獒	摽	踅
綦	靼	鞅	蔺	蓿	鹕	蓼	榧	榫	槁	榷
酽	酹	碣	霁	瞑	蜥	蜮	蜴	嘡	嘤	罴
骶	锶	箧	箸	箅	箪	箜	儆	僳	僭	劁

魃	魆	鄱	膑	鲑	鲟	銮	瘙	旖	膂	鄯
糁	鹚	漕	漯	潋	潴	漉	漳	滩	窨	褡
褙	褊	谯	谰	谲	屣	嫱	嫘	鹜	骠	缪
缫	15画	耦	耧	瑾	璎	璋	璇	髯	髫	聩
觐	鞑	蕙	蕈	蕤	蕲	槿	樯	靥	魇	餍
霈	龉	噶	暹	踟	踯	踺	蝾	蝮	蝣	蝼
嘬	噍	噌	噔	巅	嶙	镉	镌	镍	镏	稷
篑	篁	篌	儋	徵	膝	鲠	鲋	鲦	徼	瘢
畲	羯	糌	糅	熵	熠	潸	澌	褫	谵	勰
畿	16画	耩	耪	鼙	螯	髻	髭	磬	颞	鞘
蕻	薏	薮	薅	橛	樽	樨	醛	醐	醍	鍪
遽	噤	踽	螈	螅	噱	噬	圜	镗	镚	镝
镞	氇	氆	穑	魉	魈	歙	鲱	鲵	鲷	鹧
廪	嬴	壅	羲	甑	燧	濉	潞	澧	澹	窸

隰	嬗	缱	17画	蹩	擢	薹	藓	藁	檄	懋
翳	礅	磴	嚅	蟥	镪	镈	簌	魍	邈	燮
鹫	癍	濡	濮	濞	濠	濯	蹇	邃	甓	螽
鹬	18画	鬈	瞽	鞣	藜	藠	醪	蹙	燹	餮
瞿	蹚	鹭	蟮	鹮	黟	髂	簪	鼬	雠	糨
鎏	懵	邋	19画	鬏	醮	霪	嚯	蹰	蠖	蠓
黢	髋	髌	镲	籀	齁	魑	羸	瀛	谶	20画
蘖	醴	霰	矍	躅	黩	黧	獾	21画	颦	羼
蠡	22画	懿	霾	氍	饕	鬻	23画	鬟	鼷	癯
24画	蠹	衢	鑫	灞	襻	25画	鬣	攮	馕	30画
爨	36画	齉								

常用字范

图书在版编目（CIP）数据

正楷一本通 / 田英章书．—上海：上海交通大学出版社，2017

（人人写好字）

ISBN 978-7-313-17111-5

Ⅰ.①正… Ⅱ.①田… Ⅲ.①楷书—硬笔书法

Ⅳ.①J292.12

中国版本图书馆 CIP 数据核字（2017）第 117238 号

（人人写好字）正楷一本通

（RENREN XIE HAO ZI）ZHENGKAI YIBENTONG

田英章　书

出版发行：上海交通大学出版社　　地　址：上海市番禺路 951 号

邮政编码：200030　　电　话：021-64071208

印　制：四川省邮电印制有限责任公司　　经　销：全国新华书店

开　本：787mm×1092mm　1/16　　印　张：8

字　数：192 千字

版　次：2017 年 7 月第 1 版　　印　次：2019 年 6 月第 5 次印刷

书　号：ISBN 978-7-313-17111-5

定　价：35.00 元

全国服务热线：028-85939832

华夏万卷

增值服务

VALUE-ADDED SERVICE

加入万人练字学习交流平台

二十多年来，华夏万卷一直致力于传播书法文化和推广书法教育。对于书法普及教育中最重要一环的教师群体，华夏万卷始终给予全力支持。“练字帮”在线学习平台为全国中小学教师和学生提供全方位练字服务，同时也向广大练字爱好者开放。关注“练字帮”微信公众号，加入万人练字学习交流平台。

直播教学

教学资源

练字打卡

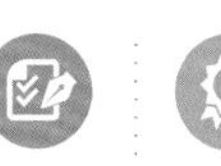
作业点评

优秀作品

关注“练字帮”

练字体验调查

感谢您选择我们的产品，让华夏万卷陪伴您度过了一段美好的书写时光。现在，真诚邀请您写下使用本产品的练字体验，及您对华夏万卷的宝贵意见及建议。扫描二维码，后台留言回复或将此区域填写好拍照回传给我们即可。

1. 您认为本产品是否达成了您最初购买时所预期的效用？

2. 在使用过程中，您觉得有哪些细节还需要改进？

关注“华夏万卷”

华夏万卷非常重视您的回复，并将持续努力，为您提供更优质的练字产品及服务。

巍巍交大　百年书香
www.jiaodapress.com.cn
bookinfo@sjtu.edu.cn

书香交大

责任编辑：赵利润
封面设计：徐　洋　周　喆

建议上架：文教类

绿色印刷产品

关注“华夏万卷”
获取更多学习资源

ISBN 978-7-313-17111-5
9 787313 171115
全套定价：35.00元

人人写好字　正楷一本通

诗词·美文

从单字到作品的突破练习

田英章|书

汉乐府 | 唐诗 | 宋词 | 论语 | 孟子 | 古文观止

练字 秘诀在这里

练好字，讲究内容、方法以及工具的有效融合。每个特别的您，都需要自己独特的练字秘诀。

二十余年来，上亿人次通过华夏万卷找到了适合自己的练字诀窍。华夏万卷秉承“让人人写好字”的使命追求，致力于国人书写水平及书法艺术修养的提升，始终聚焦于传统书法与现代书写，以字帖为基本价值承载，以专业赢得广大用户的信任。

在这里，还有更多的宝藏等待您去开启：创意书写工具、丰富的在线学习课程以及全新的平台服务。它们，共同在学校、家庭教育及成人自学等场景下，为期望进一步提升书写水平的您提供一站式的解决方案。

想要写好字、想要提升书法艺术水平的您，请扫描二维码，持续关注华夏万卷及各种配套产品，在这里，找到您的练字秘诀！

创意书写

在线学习

平台服务

扫码关注“华夏万卷”
获取更多学习资源

好内容 HAO NEIRONG

华夏万卷敏锐洞察
不断开拓贴合用户所需的优质题材
甄选适合范字，引领书写风潮

好方法 HAO FANGFA

华夏万卷精研积淀
不断锤炼高效练字方法
满足用户不同阶段所需

好工具 HAO GONGJU

华夏万卷锐意进取
发展出多种练字配套工具
已为数以亿计的练字者提供更高效助力